CINQ CENTIMES

A LA LIBRAIRIE BALLARD, RUE DES BONS-ENFANTS, 1.

ES VIEUX PARTIS S'EN VONT!

Le règne de la Démocratie approche!

LA DROITE SE DIVISE !

LES NUANCES DE LA GAUCHE S'EFFACENT !

PAR M. P. PRADIÉ,

Représentant du Peuple.

———————

Les monarchies périssent par les insurrections, et les ré-
publiques par les coups d'État. Là où le suffrage universel
fonctionne librement, toute révolution est sans motif, et tout
soulèvement populaire un non-sens, quand il n'est pas un
danger pour la liberté. Les rues ont été ensanglantées dans
les journées de juin : oui, il y a eu du sang aussi et beaucoup
de sang en 1793. Mais parce que les passions s'agitent le
lendemain des révolutions, et que les excès et les violences
sont inséparables des grandes commotions sociales, est-ce
une raison pour maudire une forme de gouvernement dont
le berceau aurait été ballotté par les tempêtes?

De toutes les classes de citoyens, le prolétaire est celui

1850

qui perd le plus aux agitations tumultueuses. Croyez-vous qu'il soit assez imbécile pour ne pas le comprendre? Il est donc dans la nature même des choses qu'après la première effervescence tout rentre dans le calme au sein d'une démocratie fondée sur le suffrage universel. Il n'y a donc qu'un coup d'État qui puisse mettre en péril l'existence de la République et avec elle l'ordre social.

Toutefois, comme d'ordinaire c'est l'effervescence populaire qui sert de prétexte aux usurpations, il est vrai de dire qu'à ce point de vue c'est le peuple qui les provoque par sa turbulence, de même qu'il dépend de lui de les conjurer par sa patience, sa modération et sa sagesse.

D'un autre côté, la bourgeoisie aussi a des devoirs à remplir. Elle a le plus pressant intérêt à réfléchir profondément aux dangers que font courir à la société les royalistes de toutes les nuances, en s'obstinant à ne pas voir que le retour de la royauté n'est désormais possible qu'avec le despotisme et son lugubre cortége de nouvelles révolutions.

Mon intention est de mettre en lumière ces vérités salutaires.

J'ai déjà déposé sur le bureau de l'Assemblée une proposition ayant pour objet l'organisation de la résistance légale contre les insurrections et les coups d'État. Les petits livres que je me propose de publier successivement, en commençant par celui que je soumets en ce moment à la bienveillance du public, sont destinés à éclairer la situation de manière que chacun, bourgeois ou prolétaire, puisse voir clairement la conduite qui lui est naturellement tracée par son intérêt et son devoir aussi bien dans les circonstances présentes que dans les éventualités de l'avenir.

Je me fais fort d'établir que toute insurrection entraînerait fatalement la ruine de la République, et tout coup d'État la ruine de la société ; que toute atteinte portée à la Constitution pour la prorogation des pouvoirs présidentiels ou la modification du suffrage universel serait le signal d'une guerre civile épouvantable, et que ce qu'il y a de plus sage pour le pays, dans ces diverses conjonctures, c'est d'ôter aux plus impatients jusqu'à la pensée de ces tentatives insensées, en opposant à leur dangereuse exaltation une attitude calme, et ce religieux respect de la légalité, seul propre à déconcerter les noirs desseins des ambitieux.

Cet appel d'un représentant obscur mais dévoué sera-t-il entendu? L'amour de la patrie parlera-t-il dans les consciences un langage plus fort que celui des passions? Les vieux partis oublieront-ils leurs vaines prédilections, leurs ridicules préjugés, et viendront-ils apporter leur concours et leur influence à l'affermissement de l'ordre et de la liberté par la République, ou serons-nous toujours réduits à recommencer, sans trêve ni repos, la fondation de nouveaux gouvernements sitôt debout, sitôt par terre? N'est-il pas temps enfin de jouir de quelque tranquillité, sous l'égide des lois, et faudra-t-il les violer sans cesse pour faire perdre au peuple jusqu'à l'habitude de les respecter? Ah! dans une nation où les croyances sont éteintes, quel est le palladium de nos biens, de nos vies, de nos libertés? La loi. Otez la loi, que reste-t-il? Le chaos ou la dissolution de la société! Voilà cependant l'avenir que nous préparent les imprudents auxquels la révolution de Février a fait perdre la tête, et qui, sous les plus spécieux prétextes d'ordre et de conservation, voudraient pousser les grands pouvoirs publics en dehors de l'orbite où leur action se trouve circonscrite par la Constitution. Mais le pays ne se laissera pas entraîner par leurs vaines terreurs. Il jugera froidement la situation, et de ce grave examen il lui restera, j'espère, cette impression vraie, que son salut est dans ces trois mots : patience, modération, respect de la Constitution et des lois !

C'est dans ce but que je me propose de publier mes petits livres. Mais avant je demande à mes lecteurs la permission de mettre sous leurs yeux les titres de quelques-unes de ces publications, afin qu'ils puissent en saisir l'esprit et l'ensemble. Ces titres les voici : 1° **Les vieux partis s'en vont ! — Le règne de la démocratie approche ! — La droite se divise ! — Les nuances de la gauche s'effacent !— 2° Pas d'insurrection ! Pas de coup d'État ! — 3° La République durera-t-elle ? Oui. — La monarchie reviendra-t-elle ? Non. — 4° République et royauté**, etc., etc.

LE DÉMOCRATE. — Les vieux partis sont condamnés à périr ; c'est une loi de la révolution. Le mouvement de 89 ne s'est pas produit et développé successivement de 1815 à 1830, et de 1830 à 1848, pour réédifier les ruines qu'il a faites à ces trois époques mémorables. La chute de l'Empire, de la Restauration et de la monarchie de Juillet, est la conséquence logique et légitime de ce grand mouvement. Le bonapartisme, l'orléanisme et le légitimisme ne représentent donc que des débris, que des ruines irréparables. On redresserait successivement sur leurs pieds ces trois fantômes du passé que la même impulsion, qui n'a cessé de se faire sentir, et qui très-certainement ne cessera de se faire sentir tant qu'il y aura un privilége debout, les ferait à l'instant rentrer dans le néant. Aveugle qui ne le voit pas !

Ces trois partis n'existent donc pas dans l'ordre logique, dans l'ordre des idées révolutionnaires.

Les principes de 1789, en effet, ne comportent pas plus l'orléanisme que le bonapartisme. Ces deux faits viendraient à se produire de nouveau qu'ils seraient de nouveau inexorablement balayés par le flot révolutionnaire. Quant au parti légitimiste, il n'existe que comme protestation vivante contre la révolution. Antagoniste obligé de cette révolution, il a la prétention de s'y substituer. On voit donc qu'au fond il n'y a que deux partis, la révolution et la contre-révolution ou le légitimisme. Mais comme celui-ci a naturellement et nécessairement pour adversaires irréconciliables les hommes qui appartiennent à la tradition impérialiste et orléaniste, il s'ensuit qu'il est fatalement condamné à l'impuissance, parce qu'il a contre lui toutes les forces vives de la nation. Au jour où il serait question sérieusement de rétablir la légitimité, les légitimistes seraient tout étonnés de trouver contre eux non-seulement les phalanges nombreuses et serrées des républicains, mais encore celles de leurs auxiliaires d'aujourd'hui.

Quand la première peur sera passée, la grande fraction de la réaction, qui se rattache par son éducation et ses affections aux traditions de 1789, passera à la République armes et bagages, laissant sur les hauteurs de la droite les enfants perdus du droit divin, les enfants d'un autre monde, réduits et décimés par la défection et le découragement. Voilà ce que dit encore la logique.

J'avais donc raison de dire que les trois partis qui agitent la République, et sèment l'inquiétude dans les esprits par les projets rétrospectifs qu'on leur suppose, n'existent plus logiquement, que ce ne sont que des ruines que le courant révolutionnaire aura bientôt emportées.

Mais d'un autre côté, il faut aussi convenir que les mouvements, quelquefois désordonnés, du parti démocratique ne contribuent pas peu, par la frayeur qu'ils excitent, à conserver un reste ou tout au moins une apparence de vie à ces ruines irréparables. Grâce à cette frayeur habilement entretenue, les architectes politiques qui ont entrepris de réédifier la société avec ces ruines ont encore trouvé le moyen de faire croire à leur existence ; mais cette vie n'est que factice. Les partis qui se découragent sont des partis perdus. M. de Montalembert rappelant ce mot de M. Laîné : « Les rois s'en vont », et ajoutant avec les marques du découragement le plus profond : « La société s'en va », M. de Montalembert nous fait l'effet du moribond faisant de vains efforts pour se soustraire à la loi impérieuse de la nature qui le pousse vers la tombe. D'où vient que des paroles

de cette nature ne s'exhalent jamais de la bouche d'un républicain?
C'est qu'il a foi dans la justice, dans la vérité, dans la sainteté, dans
l'avenir de sa cause. C'est qu'il ne saurait lui venir dans la pensée
que la forme de gouvernement la plus parfaite, parce qu'elle est la
seule légitime, la seule compatible avec les droits de l'homme et du
citoyen, puisse renfermer ces germes de dissolution et de mort que les
vieux partis portent dans leur sein, et dont ils nous font la confidence
dans leurs moments de franchise et d'épanchement. Le républicain porte
dans son cœur une foi profonde dans la bonté divine, et loin de voir
des symptômes de mort dans un état de société appelé à une plus
haute perfection, il bénit la Providence d'avoir ainsi rallumé pour
un monde qui s'éteint, pour une société ruineuse, de nouveaux foyers
de jeunesse et de vie. Oui, pour lui la démocratie est une nouvelle
carrière qui s'ouvre pour l'humanité, et il ne voit dans les gémisse-
ments involontaires des ennemis de la République que les symptômes
certains de leur prochaine dissolution.

Mais que doit-il faire pour précipiter cette décomposition, et hâter le
moment où la vie sociale pourra reprendre son cours? Il doit veiller
sur lui-même et s'interdire soigneusement tous ces mouvements désordonnés qui, en surexcitant le malade qui s'en va, produisent sur
lui l'effet du galvanisme sur un cadavre, et lui communiquent une
vie factice, une apparence de vie.

Les vieux partis n'existent plus aux yeux de quiconque a un moment réfléchi sur l'esprit de la révolution de 89. Celui qui juge des
choses non par leurs dehors trompeurs, mais par leur réalité, n'é-
prouve aucune inquiétude pour l'avenir de la République. Il sait par-
faitement que ces fantômes du passé ne sont pas plus capables de
tuer la démocratie que de se ressusciter eux-mêmes. Toutefois il
déplore que les amis de la République prolongent par l'explosion,
souvent trop chaleureuse, de leur indignation contre une politique
détestable, une existence qui sans cela s'en irait d'elle-même et s'étein-
drait sous peu de jours faute d'aliment.

Que les démocrates se disciplinent, qu'ils aient un sentiment plus
étendu, s'il est possible, de l'immortelle destinée de la démocratie,
afin de modérer leur empressement ; qu'ils ne se montrent pas trop
impatients du pouvoir qui va naturellement leur échoir, et pour le-
quel ils doivent se préparer par l'étude, la réflexion et l'observation ;
qu'ils éclairent le peuple, qu'ils s'occupent de son éducation politique avec sollicitude, et la République pouvant enfin prendre son assiette et s'établir d'une manière solide, vous verrez les vieux partis

s'évanouir d'eux-mêmes, sous le rayonnement d'une idée plus puissante que la leur, de même qu'on voit fondre les neiges de l'hiver sous un soleil de printemps. Que, grâce à cette modération et à ce désintéressement patient des démocrates, la République traverse l'épreuve à laquelle elle est en ce moment soumise, pour les péchés et les fautes de ses propres enfants, qu'elle s'échappe saine et sauve des bras de ceux qui la soignent en ce moment, et c'en est fait des vieux partis et de leurs gothiques préjugés de caste et de naissance.

LE CONSERVATEUR. — Les anciens partis ne sont pas aussi malades que vous semblez le croire. Ne sont-ils pas en ce moment unis dans une seule et même pensée : la défense de l'ordre et de la société contre l'envahissement des mauvaises doctrines et des passions anarchiques ?

LE DÉMOCRATE. — Il s'agit de savoir s'ils ne contribuent pas au développement de ces passions, en excitant dans l'âme du peuple des sentiments de méfiance et d'irritation.

Et puis leur union passagère est-elle autre chose qu'un mensonge ? Ils sont unis ! unis pour combien de temps ? Ont-ils renoncé à leurs prétentions respectives ? Seraient-ils bien d'accord sur la nature des influences qui doivent régner sur la société ? Les légitimistes sont d'avis qu'il est urgent et indispensable de donner au clergé et aux corporations religieuses une autorité prédominante sur l'éducation et l'enseignement ? La centralisation administrative est, à leurs yeux, le plus grand des dangers, le plus criant des abus. Messieurs les orléanistes et les bonapartistes partagent-ils la même opinion sur ces graves et importantes questions et sur tant d'autres qui les ont divisés pendant si longtemps ? S'il en est ainsi et si l'accord est consommé sur tous les points, d'où vient que pendant tant d'années ils se sont fait la guerre ? Quoi ! c'était pour aboutir à ce touchant concert que, durant trente ou quarante ans, vous avez fait retentir les échos de la tribune et de la presse de vos querelles, de vos dissensions et de vos haines ! Vraiment c'était bien la peine de faire tant de bruit ! Ou vos opinions diffèrent entre elles, ou elles ne diffèrent pas. Si elles diffèrent, pourquoi vos représentants votent-ils ensemble ? Si elles ne diffèrent pas, pourquoi toutes ces réunions, tous ces conciliabules, tous ces journaux qui ne semblent être d'accord que sur un point : Haine à la République ? Vos représentants sont unis dans l'Assemblée, mais vous, pourquoi ne l'êtes-vous pas au dehors ? Est-ce que vous auriez deux langages, un pour vos relations officielles et un autre pour vos relations privées, et cacheriez-vous quelque chose au pays ?

Voyons, un peu plus de franchise, messieurs des trois partis. N'est-il pas vrai que vous vous méprisez cordialement, ou que tout au moins vous vous méfiez les uns des autres? Vous êtes en ce moment unis, parce qu'isolés vous seriez impuissants. Eh bien! soit. Mais cette union ne se dissoudrait-elle pas le jour où, par violence ou par surprise, l'un de vous viendrait à s'emparer du pouvoir? Voyons, la main sur la conscience, vous, messieurs les légitimistes, êtes-vous fermement résolus à suivre vos amis les bonapartistes, vos amis les orléanistes jusqu'aux Tuileries, et iriez vous danser à la cour d'un Bonaparte ou d'un d'Orléans? Allons donc, expliquez-vous! Si vous me répondez que oui, alors je n'ai plus rien à ajouter, sinon que vous n'êtes plus ce que vous étiez. Si vous me répondez que non, alors je vous dirai qu'il n'est pas très-moral de s'unir à des hommes que l'on devra trahir un jour.

Ah! vous vous récriez! ah! cette supposition vous irrite. Eh bien! soit. Je vous accorde que votre alliance est éternelle, qu'elle est cimentée par la plus parfaite bonne foi ; qu'il n'y a chez aucun de vous aucune arrière-pensée ; que vous voulez absolument la même chose, vous hommes du droit divin, et vous hommes de la banque et de la bourse, et vous hommes de l'absolutisme et de l'empire. Eh bien, s'il en est ainsi, je vous dis hardiment que vous n'êtes plus ce que vous croyez être ; que c'est une illusion d'éducation et d'habitudes de vous imaginer que vous voulez l'empire, ou la monarchie légitime, ou la monarchie bâtarde. Non, non, vous ne voulez rien, vous ne pouvez rien vouloir de tout cela, car alors vous ne seriez que des charlatans, qui tromperiez le pays en vous trompant vous-mêmes. Or, comme cette supposition est une injure pour le *grand* parti de l'ordre, pour le parti *honnête*, j'en conclus résolument que vous n'êtes rien de tout cela, mais bien de francs et loyaux républicains. Allons donc, messieurs, un peu de pudeur. Vous n'êtes pas des trompeurs, n'est-ce pas? C'est bien sincèrement et sérieusement que vous vous êtes unis? Eh bien! s'il en est ainsi, et il en est ainsi, vous devez travailler à qui mieux mieux à la conservation, à l'affermissement de la République. Car, vous le savez bien, le jour où la République tomberait serait le jour de votre propre séparation, le jour de la dissolution du *grand* parti de l'ordre. Or, vous ne pouvez vouloir la dissolution du *grand* parti de l'ordre, du parti sauveur et conservateur de la société, du parti vainqueur des factions anarchiques, des doctrines insensées.

Oh! monsieur, voyez donc comme la Providence est juste! Voilà trois partis hostiles à la République. Par leurs ténébreuses menées, par leurs calomnies, par leurs outrages, par la violence de leur langage et de leur politique, ils sont parvenus à écarter des avenues du pouvoir tous les amis sincères et dévoués de la forme démocratique ; afin de faciliter au pays le retour à la monarchie, ils ont exclusivement peuplé de royalistes les diverses administrations, et puis, quand il leur a semblé que le moment était venu de recueillir le fruit de tant d'habileté, ils ont eu peur de leur isolement, de leur faiblesse respective, et ils se sont coalisés ; pourquoi faire, juste ciel ! pour rétablir la royauté ? Non, mais pour administrer en commun, avec la plus mauvaise grâce du monde, une forme de gouvernement qu'ils détestent, et qu'ils ne pourraient détruire sans voir leur coalition se dissoudre, leurs haines se rallumer, leurs préjugés se raviver.

Sus donc, messieurs, pourquoi faire ainsi la grimace ? Vous êtes des républicains, croyez-moi. S'il vous vient quelquefois dans l'esprit que vous ne l'êtes pas, chassez cette pensée, ce n'est qu'une illusion de votre imagination, ce n'est qu'une réminiscence fugitive d'un passé qui ne reviendra plus. J'en ai pour garant l'intérêt que vous avez à résister à toute tendance rétrospective. Vous êtes trois partis coalisés, n'est-ce pas ? Eh bien, c'est encore une erreur, ces trois partis n'en font qu'un. Votre trinité est désormais une et indissoluble. Chacun de vous a le même intérêt que nous à conserver la République. Vous êtes donc bon gré malgré condamnés à la servir, car le jour où l'un de vous se tournerait contre elle serait le jour de votre dissolution. Or, vous ne voulez pas votre dissolution, n'est-ce pas ? Vous vous aimez, vous vous estimez, n'est-ce pas ? Ce que l'un veut, l'autre le veut, n'est-ce pas ? Vous êtes donc des républicains, car vous ne pouvez marcher ensemble, vous aimer, vous estimer, vouloir les mêmes choses que sous la République. Que si vous n'étiez pas des républicains, votre union, prenez-y garde, ne serait alors qu'une monstrueuse coalition, qu'une coalition d'un jour. *Horresco referens !* J'ai horreur de le dire, vous ne seriez qu'une réunion de compères, vous guettant les uns les autres, et guettant à qui tirera les marrons du feu pour les croquer. Des républicains plus ou moins sincères, ou des compères impuissants, l'un ou l'autre : choisissez.

Hélas ! j'ai bien peur pour vous que le choix ne vous sera pas même laissé. Je vous le dis en toute sincérité, votre situation est fausse, fausse au delà de tout ce qu'on peut dire. Il est impossible que, quand le pays aura ouvert les yeux sur les véritables dangers de la société, il ne s'aperçoive pas que c'est vous qui créez ces dangers, par les justes méfiances et la vive irritation que vous provoquez par votre situation équivoque.

Le pays n'est pas une coterie. Le pays n'est ni orléaniste, ni légitimiste, ni bonapartiste. Le pays est pour la chose publique. Il n'est d'aucun parti. Il sait que toute nouvelle restauration monarchique ne serait qu'une nouvelle source de déchirements et de révolutions, et Dieu merci ! il a assez de tous nos déchirements, de toutes nos révolutions. Or, s'il en est ainsi, et il en est ainsi, il est naturel que tôt ou tard il ouvre enfin les yeux sur les menées des vieux partis.

Quelle confiance en effet pourraient-ils lui inspirer ? Il est facile de prouver que la République seule est possible ; or, comme ces partis ne sont quelque chose et n'ont leur raison d'être qu'en dehors de la République, il est évident qu'ils se trouvent, par rapport aux véritables intérêts du pays, dans une position fausse et équivoque. Le pays ne peut très-certainement vouloir que l'Etat démocratique, puisque toute autre forme de gouvernement est aujourd'hui impraticable. Or, ces partis ne veulent pas de la démocratie et ne peuvent pas en vouloir, sans cesser d'être ce qu'ils sont. Il est donc certain que tôt ou tard le pays voudra se débarrasser de ces partis. Or, là est le danger. Car il n'est pas dans la nature des partis de se laisser déposséder. Pousseront-ils les grands pouvoirs de l'Etat à violer la Constitution, à proroger l'autorité du président, à modifier le suffrage universel ? Je n'ai rien à répondre à ces questions. Je m'expliquerai une autre fois à cet égard. J'ajoute seulement qu'ils feront ce qu'ils croiront être dans leur intérêt, sans s'occuper le moins du monde des véritables intérêts du pays. Je ne veux pas dire autre chose. Il est cependant une considération bien faite pour rassurer les amis de la Constitution, c'est que la prorogation des pouvoirs du président et la modification du suffrage universel rencontreraient les plus sérieuses difficultés, non-seulement de la part du peuple, car j'espère bien que le peuple ne tolérerait pas une si odieuse violation des lois, mais encore dans leur propre sein, dans le sein des vieux partis.

Le président de la République est le produit du suffrage direct et universel. S'il croit encore à sa popularité, il lui sera facile de s'apercevoir que son point d'appui est dans les masses, dans les masses des campagnes surtout. Or ces masses ne peuvent lui apporter leurs suffrages que *directement*, c'est-à-dire par la voie du suffrage *direct* et universel. On sait que la bourgeoisie n'est pas bonapartiste. Le président de la République est donc intéressé à faire respecter la Constitution sur ce point. « Son intérêt nous répond de lui, » comme

il est dit dans Figaro, et aussi sa probité et son serment. Première
difficulté à la révision du pacte fondamental, indépendamment de
l'impossibilité de réunir dans l'Assemblée actuelle les trois quarts
des voix qui seraient pourtant nécessaires pour cette révision.

Quant à la prorogation des pouvoirs présidentiels, je demanderai
à messieurs les légitimistes s'ils n'auraient pas à cela quelque ob-
jection à faire, et s'ils n'y verraient pas un acheminement à la pré-
sidence à vie et à l'empire héréditaire? Deuxième difficulté.

Ainsi, impuissance, dissensions et divisions intestines, situation fausse
et équivoque, impossibilité de réviser la Constitution sans faire un
coup d'Etat, impossibilité de faire un coup d'Etat sans amener la dissolution du *grand* parti de l'ordre et peut-être même de la société.
Difficultés, impossibilités partout, excepté sur le terrain de la République, telle est la conclusion à laquelle tôt ou tard, soyez-en sûr, le
pays ne manquera pas d'arriver.

Le grand parti de l'ordre est divisé; toutes les nuances du grand
parti démocratique ont disparu : preuve visible que la vie se déplace.
Car la vie c'est l'union, c'est l'unité ; la mort c'est la division ou la
dissolution. Les vieux partis s'en vont, le règne de la démocratie
approche.

C'est une chose digne de remarque que ce double phénomène :
d'un côté la majorité qui se divise, de l'autre la minorité qui serre
ses rangs. Ici unité de principes, de tendances et de but ; là incompa-
tibilité de principes, de tendances et de but. La gauche, depuis la
nuance la plus modérée jusqu'à la crête de la montagne, ne veut
qu'une chose, la République, avec les réformes sociales dont cette
forme de gouvernement n'est que l'instrument et le moyen. Ces réformes, conséquences naturelles du principe démocratique, c'est ce
qu'elle appelle le socialisme. D'accord sur l'idéal, sur le but à attein-
dre, elle l'est également sur les moyens. Elle prend pour point de dé-
part la Constitution ; elle y trouve en germe toutes ses idées d'amélioration et de progrès, et cela lui suffit. Elle poursuit la réalisation
pacifique et progressive de ces idées; en même temps qu'elle ac-
cepte toutes les institutions, tous les droits que la Constitution a
consacrés ou reconnus: la propriété; la famille, la religion, la
liberté, l'autorité, l'ordre, en un mot, toutes les bases essentielles de la société. Ses tendances sont claires, nettes et dé-
finies; ses idées constituent une doctrine complète et une science
véritable. Çà et là au milieu d'elle on voit se détacher quelques
adeptes de Fourier, de Proudhon, de Cabet, de Pierre Leroux, de

L. Blanc ; mais, prise dans son ensemble, elle ne prend de leurs écoles que ce qu'il y a en elles d'acceptable, de praticable. Elle est, à l'égard de ces réformateurs, dont les idées s'épurent dans ce qu'elles ont de faux et d'exclusif par la contradiction, par la polémique, elle est, dis-je, dans la situation d'un grand jury qui étudie et qui observe, pour s'assimiler tout ce qu'il y a de juste et de vrai dans ces idées, et rejeter ce qui est faux ou exagéré. La gauche n'est ni proudhonienne, ni cabétiste, ni fouriériste. Elle a suivi avec attention les objections que M. P. Leroux a adressées au fouriérisme, au proudhonisme ; ce que l'auteur des *Contradictions économiques* a écrit contre le circulus et le phalanstère, contre les théories du Luxembourg, contre le communisme de Cabet ; ce que Louis Blanc a écrit de passionné et d'éloquent contre le système anarchique de son rude adversaire : tellement, qu'après avoir impartialement assisté à ce brillant et quelquefois violent tournoi de paroles, de discours et d'écrits, elle a tiré de cette instructive polémique cette conclusion capitale, que la vérité ne saurait résider tout entière dans l'étroite cervelle d'un homme, cet homme fût-il un chef d'école, et un de ces puissants génies qui apparaissent de loin en loin dans l'humanité pour lui frayer des voies nouvelles. De cette étude comparée des divers systèmes socialistes, il est resté à la gauche républicaine cette impression, que le socialisme, pour être une science, ne doit avoir rien d'exclusif, qu'il doit prendre dans Proudhon son amour de la liberté, dans L. Blanc sa notion de l'Etat dans ce qu'elle n'a pas d'excessif, dans Fourier le principe de l'association libre ; dans M. Bastiat le libre échange, l'extension de la circulation et du crédit ; et dans toutes ces théories tout ce qu'elles renferment d'utile pour l'amélioration régulière et progressive de la condition matérielle et morale du peuple. Faire passer le principe de la proportionnalité dans les impôts, réduire les dépenses générales de l'Etat en simplifiant l'administration, organiser le crédit foncier, venir au secours de l'enfant, du vieillard et de l'infirme dans leur détresse, ouvrir par un meilleur système de circulation et de crédit de nouvelles sources à la consommation et par conséquent à la production, afin de donner du travail à l'homme valide ; étendre surtout sur une vaste échelle l'éducation populaire ; voilà le programme de la gauche.

Mais cela est clair, mais cela est simple, mais cela est écrit en toutes lettres dans la Constitution, mais ce n'est pas autre chose que la République en action, que la fin des priviléges, que la destruction de l'individualisme ; que la consécration du grand principe de la solidarité humaine, mais ce n'est enfin que le socialisme pratique, positif, irréfutable comme un chiffre. Or voilà, en quelques mots, ce que la gauche demande, ce qu'elle poursuit avec une unité de vues parfaite, avec une persévérance de conduite qui ne s'est jamais démentie. Eh bien! je dis que tout cela constitue une science complète et une véritable doctrine liée dans toutes ses parties. Je dis que tout le monde est d'accord là-dessus sur les bancs de la gauche. Elle demande cela, tout cela, mais rien que cela. L'union de toutes les fractions de la gauche est donc un fait consommé, un fait accompli.

Oh! que la droite est loin de présenter cette homogénéité! On dirait que la différence de vues, le contraste des opinions, la contradiction des idées et des doctrines constituent une des conditions essentielles de son existence hétérogène. Toutes les défroques du passé sont venues s'entasser pêle-mêle dans cette ruine délabrée. Là le légitimiste, qui rêve l'inféodation à perpétuité de tous les pouvoirs dans une même famille, avec ses castes, ses priviléges, ses ducs, ses marquis, ses comtes; avec sa religion d'Etat ou quelque chose d'approchant, y coudoie le vieux et rusé voltairien, qui a passé sa jeunesse et la moitié de son âge mûr à démolir l'antique édifice de la monarchie et du catholicisme; là l'ultramontain y serre la main du janséniste dont il a fait mettre les livres à l'index; amis du jour, ennemis de la veille et du surlendemain, ils ont chacun leurs réunions et leurs conciliabules pour mieux se surveiller et se tromper. Qu'y a-t-il, messieurs, de commun dans le but auquel vous tendez? Avez-vous le même idéal sous vos yeux? Avez-vous les mêmes doctrines de gouvernement à faire prévaloir? Non, non. Votre rencontre n'est qu'une rencontre de hasard et de circonstance. Vous avez l'air de quelque chose, et vous vous êtes donné de l'importance par votre résistance à ceux que vous appelez les ennemis de la société. Mais le jour où il sera bien constaté que ces prétendus ennemis en sont les amis intelligents, ce jour-là, qui n'est pas loin, ne vous en déplaise, vous vous affaisserez sur vous-mêmes, et parce que votre idéal monarchique se sera évanoui dans les régions de l'impossible, du chimérique, votre esprit errera dans le néant; car vous avez une haine trop profonde de la démocratie, vous nourrissez dans votre âme des préjugés trop enracinés contre elle, pour que son idéal, son magnifique idéal puisse venir remplacer celui que vous aurez perdu. Vous ne serez plus rien, pas même dans le domaine de la spéculation.

Amis, je viens de vous marquer ce qu'il nous reste à faire pour avancer le moment où nous verrons se dissiper ce ballon gonflé de tempêtes qu'on appelle la réaction. Union, modération : voilà le moyen. Permettez-moi d'insister encore là-dessus, car de ces deux mots dépendent notre triomphe, la confusion de nos ennemis et le salut de la République et du socialisme pacifique, pratique, positif, saint, immortel, aux perspectives infinies, qui a sa racine dans le temps, et qui se perpétuera dans l'éternité sous l'aile du christianisme.

Union! Modération !

Quand on est une science on est un, on est modéré ; quand on a une constitution qui pose les véritables linéaments de cette science, on s'attache à cette Constitution, sauf à la compléter et à la modifier par les voies légales dans ce qu'elle a de défectueux. Alors on est le parti de l'ordre et de la conservation. Mais il ne suffit pas d'avoir sur ses adversaires, les royalistes, l'immense avantage de se trouver sur un terrain logique, sur le terrain légal, quand ils sont forcément sur un terrain illogique, sur un terrain extra-légal, à raison de leur état permanent de conspiration monarchique ; il faut encore savoir prendre sur ce terrain une forte et bonne position. Or cela ne se peut que par beaucoup de tenue, de dignité et de modération.

Ce qui fait la force de la réaction, ce qui est sa seule raison d'être, c'est sa politique de répression. Otez des écrits et des discours de la réaction ses sorties contre le socialisme, que reste-t-il? Du vent.

Quand on aspire au pouvoir, il faut s'en montrer dignes, en inspirant au pays cette confiance sans laquelle tout gouvernement est impossible. Tout pouvoir qui, par son langage ou ses actes, serait pour une classe de citoyens, pour une classe de propriétés, un sujet d'inquiétudes et de craintes, au lieu d'être un pouvoir véritable, ne serait qu'une dictature déguisée, un non-sens en République, une nouvelle forme du despotisme. La mission du pouvoir n'est pas d'opprimer telle ou telle opinion, mais de les protéger toutes, mais d'empêcher qu'elles ne s'oppriment l'une l'autre ; non pas de favoriser tel ou tel parti, mais d'en neutraliser la pernicieuse influence par une bonne politique, par une politique vraiment nationale. En agir autrement, ce serait se rendre coupable de ce que nous reprochons à nos adversaires. Ils persécutent nos idées, il faudra assurer aux leurs leur libre et naturelle manifestation : c'est ainsi qu'on devra se venger. Tout pouvoir qui se fait parti, ou qui se met à la discrétion d'un parti, n'est pas un vrai pouvoir, c'est un chef de faction, c'est un ennemi de la société, au lieu d'en être le modérateur et le guide.

Le pouvoir pour le peuple doit être une école de vertu et de désin-téressement, et non une école d'égoïsme. L'opposition de gauche doit nécessairement arriver aux affaires, et autour d'elle tout lui dit qu'elle y sera prochainement appelée si, par sa conduite sage et mesurée, elle sait faire tomber les injustes méfiances que ses ennemis ont eu l'habileté d'amasser autour d'elle, grâce à l'insigne perfidie avec laquelle ils ont su exploiter les fautes des premiers fondateurs de la République. Dans un État bien constitué, le pouvoir revient natu-rellement au plus digne. Il ne saurait donc rester entre les mains de ceux qui le détiennent en ce moment que tout autant qu'on se mon-trerait moins digne qu'eux du suprême honneur de diriger les desti-nées de la démocratie.

Union! Modération!

Amis! nous avons en face de nous des adversaires désunis, et dé-sunis d'une manière tellement irrémédiable qu'ils cesseraient d'être ce qu'ils sont, des royalistes, et qu'ils seraient ce que nous sommes, des républicains, si leurs divisions pouvaient un jour disparaître.

Amis! nous avons en face de nous trois partis, ou plutôt trois fac-tions qui se neutralisent, c'est-à-dire trois sortes d'impuissances, trois sortes d'ambitions, trois sortes d'égoïsmes, trois choses qui s'ex-cluent l'une l'autre.

Amis! nous avons en face de nous trois partis qui se disent défen-seurs de l'ordre, et qui ne poussent qu'au désordre; gardiens de la Constitution, et qui n'attendent que le moment favorable pour la dé-truire; protecteurs de la République, et qui ne rêvent que son ren-versement: en un mot, le mensonge et l'hypocrisie politiques en chair et en os.

Amis! que faut-il faire pour en finir avec toutes les factions en herbe, toutes les conspirations déguisées, tous les satisfaits et les exaltés de la république honnête et modérée, tous les ambitieux de haut et bas étage, tous les persécuteurs de la pensée, tous les rêveurs de l'absolutisme royaliste ou impérialiste? Ce qu'il faut faire? la belle question! Il faut faire le contraire de ce qu'ils font. Ils se désunis-sent, il faut s'unir. Ils ont trois drapeaux, trois sortes d'ambitions, il faut n'avoir qu'un drapeau, qu'une ambition: l'ambition de combat-tre toutes les ambitions, toutes les factions, pour assurer à tout ja-mais au pays la libre disposition de lui-même, sa propre souverai-neté, imprescriptible, inviolable, inaliénable, sacrée. Il faut opposer à leurs colères, à leurs haines, à leurs provocations, à leurs persécutions, la seule vengeance digne d'un républicain, et qui consiste dans l'oubli des injures, dans la tolérance de ses ennemis, dans la liberté pour tous, dans la fraternité entre toutes les classes de citoyens.

La République, la République nouvelle, la République de 1848 ne se venge pas ; elle pardonne. Elle ne proscrit pas, mais elle abroge les décrets qui bannissent les familles royales, et elle renverse l'échafaud politique. A l'exagération, la modération ; à la partialité, l'inflexible impartialité de la justice ; aux exagérations de langage, le calme de la raison : voilà ce qu'il faudra opposer à nos adversaires, si nous voulons donner à la République une assiette solide et durable, si nous voulons attirer sur son berceau les bénédictions de Dieu, si nous voulons que l'histoire célèbre notre gloire, la gloire des fondateurs, des pères de la démocratie moderne, quand elle livrera au mépris de la postérité l'indigne conduite de nos ennemis.

Amis ! que ces grands et nobles sentiments président à tous nos actes, qu'ils inspirent tous nos discours, tous nos écrits, qu'ils fassent l'objet de toutes nos conversations intimes, de famille et de société. Elevons nos âmes à la hauteur des fondateurs de la démocratie américaine. L'amour de la liberté, le respect des lois, un véritable esprit de justice et de modération signalèrent la vie de Franklin e de Washington. Que ces beaux et glorieux modèles soient toujour vivants dans nos âmes, et laissons faire les factions ; elles préparent elles hâtent notre avénement par leurs folies. Il faudrait, certes, s vouloir bien du mal à soi-même que de prolonger leur tyrannique do mination par une conduite inconsidérée. Patience donc, union e modération ; car je vous le dis en toute vérité :

> Les vieux partis s'en vont,
> Le règne de la démocratie approche !

Paris. — E. De Soye, imprimeur, rue de Seine, 36.